꽃들의 대화

꽃들의 대화

김동민 지음

미디어쉼

추천사

　한 사람의 글에는 그의 인생관과 믿음, 그리고 하나님 앞에서의 삶이 담깁니다. 더 나아가, 그 글이 말씀을 따라 빚어진 삶의 여정이라면, 그 안에는 성령의 숨결이 머물고, 독자의 마음을 여는 은혜가 흐르게 할 것입니다. 이 책의 저자, 김동민 형제는 그런 삶을 살아온 형제이며, 이 책은 그 삶의 열매입니다.

　'건강, 재정, 가정, 성공, 관계' 삶의 거의 모든 영역을 아우르는 이 주제들은, 단순히 현실적인 욕망이나 실용적 조언으로 접근해서는 결코 다 다룰 수 없습니다. 그 안에는 인간 존재의 근원적인 갈망과 하나님의 시선 안에서 회복되어야 할 질서와 방향성이 있기 때문입니다.

　이 책은 그 각 영역을 하나님 앞에서 정직하게 고민하며 묵상과 기도, 말씀과 현실의 긴장 속에서 녹여낸 통찰로 채워져 있습니다.

각기 주제는 단순한 조언이나 동기부여가 아니라 기도하는 사람만이 볼 수 있고, 쓸 수 있는 고백들로 가득 차 있습니다. 하나님 앞에서 오늘 하루를 고민하며 시간을 통과한 이만이 말할 수 있는 언어로, 하나님의 손길을 사모하는 이만이 전할 수 있는 어조로 쓰여 있습니다.

이 책을 읽는 이들이 또한 위로를 받으며, 또 일으켜 세움을 받는 은혜를 잔잔하지만 힘 있게 경험할 것입니다. 말씀이 마음에 박히고, 기도가 절로 흘러나오며, 읽는 이의 삶 전체를 돌아보게 만드는 은혜가 깃들게 할 것입니다. 한 문장 한 문장이, 이 책을 읽는 이들의 삶의 한 조각에 정확하게 들어맞는 은혜의 열쇠가 될 것입니다.

당신의 삶의 자리, 모든 영역 위에 하나님의 손길이 닿기를 간절히 소망합니다.

이 책은 이 땅에서 하나님의 기쁨을 향해 걸어가는 이들을 위한, 따뜻한 이정표가 되어줄 것입니다.

하나님 보시기에 참좋았더라 교회 담임목사 **이선세**

프롤로그

　　유튜브 나의사랑하는책TV 김동민입니다. 교회를 다니는 사람이 많은 것 같습니다. 성도 가운데도 나이가 드신 분이 더 많아지는 것 같습니다. 단순히 노령화 사회를 반영하는 것이라면 걱정을 덜겠지만 그보다는 하나님보다 세상에 흠뻑 취해 사는 젊은 세대가 많다는 반증인 것 같아서 기도하게 됩니다. 나이가 드신 분들의 믿음에 대해서는 육신의 아버지와 어머니를 통해 경험한 것이 있습니다. 아무리 열심히 세상을 살아도 하나님 아버지와 실제로 관계하는 믿음을 갖는다는 것은 보통 어려운 일이 아니었습니다. 하나님과 관계없이 평생을 살다가 노년에 하나님을 믿고 천국 가야 한다고 누군가의 손에, 특히 가족의 손에 이끌려 교회에 나오는 경우라면 더욱 어렵습니다. 그런데 그 과정에 하나님의 은혜가 부어지면 너무 쉽게 신비로운 구원의 길을 가기도 합니다.

　　교회에 다니는 사람은 많아 보이지만, 일상에서 '그리스도의 몸 된' 교회로 사는 사람은 적어 보입니다. 예수님을 이야기하는 사람도 많지만 예수님 안에서 사는 사람은 드물어 보입니다. 예수님을 믿는다는 사람에게 어느 시기의 예수님을 만났는지 물어보면 대부분 공생애 예수님입니다. 공생애 예수님을 만난 것으로 스스로 믿음이 있는 것으로 생각한다는 뜻입니다. 제 이야기를 해드리면 조금 쉬울 것 같습니다.

저는 40대 초반에 예수님을 만났습니다. 돌아보면 예수님은, 내가 망했을 때, 내가 힘들 때, 내가 죽을 것 같을 때 만날 가능성이 더 큽니다. 마음에서 들리는 예수님의 음성을 처음으로 듣고 난 뒤, 성경을 난생 처음으로 처음부터 끝까지 쭉 읽어봤는데, 말씀 하나하나가 너무 재미있었습니다. 더 놀라운 것은 그냥 믿어졌습니다. 당연히 재미있게 읽었습니다. 읽는 데서 끝나지 않았습니다. 성경에 나온 대로 해보기 시작했습니다. 우리집 아이가 열이 날 때 손을 얹고 기도했더니 아이는 놀랍게도 그 자리에서 치유됐습니다. 한두 번이 아니었습니다. 일상에서 원하는 것을 기도했더니 하나님께서 대부분 기도에 응답해 주셨습니다. 놀라웠습니다. 마치 요술램프 지니 같았습니다. 하나님께서 나의 기도를 왜 이렇게 다 들어주실까 하는 의문을 가질 틈도 없었습니다. 그냥 하나님과 함께하는 삶이 재미있었습니다.

시간이 지나고, 일상에서 믿음의 싸움을 하면서 저는 알게 됐습니다. 제가 그렇게 만난 예수님은, '공생애 예수님'이었습니다. 기적을 베푸시고, 치유하시고, 가르치시고, 하나님 나라를 선포하신 예수님이었습니다. 십자가를 지시고, 부활하시고, 승천하신 예수님은 아니었습니다. 저는 십자가를 뺀, 공생애 예수님만 경험했습니다. 기적과 능력에 열광했습니다. 그러다, 저의 십자가를 지기 시작합니다. 내 생각, 내 뜻, 내 계획이 죽고 하나님의 마음이 제 안에 흘러 들어오기 시작했습니다. 공생애 예수님의 화려함에서 벗어나, 십자가 예수님과 연합하는 믿음의 싸움을 하게 됐습니다. 예수님과 십자가에서 연합한 일상을 소원하게 하셨고 예수님은 당신의 뜻대로 저를 이끌어가셨습니다. 그 증거는 제가 세상에서 1등하는 것이 아니라 세상을 이기는 삶을 소원하게 된 것이었습니다. 세상에서 왕 놀이하는 것이 아니라 세상에 대한 흥미를 잃은 것입니다. 무엇을 이야기하든 하나님을 빼면 의미도 없고 재미도 없는 삶으로 바뀌어갔습니다.

여러분이 만난 예수님은 공생애 예수님처럼 화려한 예수님일까요? 아니면 십자가에서 처절하게 돌아가시며 다 이루었다고 하신 십자가 예수님일까요? 돌아가신 뒤 부활하셔서, 네가 날 사랑하느냐, 하고 물으셨던 예수님일까요?

이 책은 십자가에서 비로소 참 되게 시작하는 예수님과의 삶을 통해 그리스도 예수 안에서의 일상이 무엇인지 이야기합니다. 십자가 연합이 실제로 우리 삶과 어떻게 연결되는지를 쉬운 우리의 대화법으로 이야기합니다. 요즘 미디어에 나오는 드라마는 실제 사실에 기반해 상상력을 더했음에도 '모든 것이 허구'라고 시작 전에 밝힙니다. 아마도 사방에서 시비를 걸어오기 때문일 것입니다. 그런데 저는 반대로 이 책은 '실제 사건'을 토대로 이야기를 재구성한 것임을 밝힙니다. 실제 믿음의 싸움을 하고 있는 그리스도의 몸 된 성도들의 이야기가 이 책을 만들어냈습니다. 우리의 믿음이 공생애 예수님 시절에 머물러 있어, 여전히 세상에서 무언가 되려고 하고, 무엇인가 이루려고 하는 가치로 살고 있음에도, 그것을 깨닫지 못하는 믿음의 사람에게 이 책을 선물하고 싶습니다. 물론 선물은 책이지만, 책에 대한 마음을 주신 분은 하나님이시니, 저는 배달부일 뿐입니다. 하나님께서 깨달음을 주신다면 돌이킴도 주실 것입니다. 십자가로 우리를 데려가시고 하늘 보좌 하나님의 나라를 보여주시고, 하늘 소망을 품고 이 땅에서 소풍처럼 살다 오라 하시는 하나님의 절절한 사랑을 맛보아 누리시기를 예수님의 이름으로 축복합니다.

이야기 배경이 되는 곳

　　서울 근교에 있는 신도시 아파트단지 인근에 있는 식물카페이자 화원. 몬스테라 알보 대품 두 개가 햇빛 잘 들어오는 창가 양쪽에 놓여 있다. 수태봉을 타고 자라는 몬스테라 알보의 무늬가 예쁘다. 그 사이 창쪽 긴 테이블 위로 중간중간에 무늬 예쁜 식물들이 놓여 있다. 세렌디피티 바리에가타, 드래곤스케일 바리에가타, 오도라 옐로우, 오키나와 실버, 노랑 무늬토란 등이 작지만 예쁜 토분에 심겨져 있다.

　　테이블 중간중간에는 큰 식물들이 놓여 있어서, 공간을 분리해주고 있다. 페어리스타, 아메리칸블루 같이 꽃 피는 식물들은 햇빛 드는 쪽에 옹기종기 배치돼 있고, 간접광에서도 잘 사는 베고니아 식물들은 카페 안쪽에서 수채화 그림처럼 빛나고 있다. 카페와 연결된 옆 공간에는 작은 화원이 있고, 거기에선 주로 작은 식물들과 꽃다발을 팔고 있다. 화원은 작지만 항상 꽃으로 화사하다. 작지만 예쁜 희귀식물도 판매한다. 카페와 화원의 창은 통창으로 투명하다. 카페에 걸려 있는 그림도 대부분 식물 그림이다.

등장인물

라일락 카페 사장이자 식집사이다. 뒤늦게 예수님을 만나 일상에서 예수님께 감사하며 살아가는 크리스천. 교회 다닌 지 14년. 다재다능하고 세상의 맛도 보았지만, 카페와 화원을 운영하며 사람들의 고민과 삶의 이야기를 들어주며 살아간다.

백합 아들딸 잘 가르쳐서 성공시킨 엄마로 요리를 잘하고, 매사 우선순위 1번은 자녀들이며 교회 다닌 지 30년이다.

홍매화 백합의 고교 동창. 백합과 같은 교회에 출석하고 있다.

앵초 카페 아르바이트생. 20대 대학생으로 AI를 전공하고 있고, 모태신앙으로 교회는 다니는데 하나님과 실제로 잘 사귀지는 못하고 있다.

앵초 오빠 회사에서 실제 믿음의 싸움을 하고 있는 사회초년생이다.

에둘레소철 습관처럼 주일에 교회에 다니다 믿음이 실제 되어야 한다는 말씀이 마음에 들어와 하나님을 알고 싶게 된 일식집 셰프. 믿음을 쓰는 법을 처음으로 배운다.

장미 백합과 홍매화의 동창. 백합과 홍매화에게 느껴지는 평안함과 여유로움을 보고 그들이 다니는 교회에 출석하기 시작한 새 신자. 세상에서 엄마 역할 아주 잘 해서 아들딸 잘 키웠다.

파란 유채와 수국 대학동창으로 각각 다른 교회에서 믿음 생활하다가 오랜만에 재회한다.

시클라멘 암 진단을 받고 하나님께서 왜 이런 고통을 주시는지 의문을 품고 친구 홍매화에게 속을 털어놓는 인물이다.

목차

추천사 이선세 목사님

프롤로그

1장 내가 어떻게 키웠는데!	19
2장 언제까지 김치 담궈서 보내야 해?	31
3장 회식자리 술 마셔야 해요? 말아야 해요?	37
4장 보관만 해두면 썩지만, 쓰면 오히려 자라는 것	45
5장 목사님은 매주 같은 말씀만 해요!	55
6장 돈에서는 제가 자유로워요!	67
7장 마음의 치유와 몸의 치유	83

에필로그

1장
내가 어떻게 키웠는데!

백합 (힘이 하나도 없는 몸짓, 한숨을 쉬며) 라일락님, 내가 이꼴을 보려고 평생 애쓰며 살았나 싶어요. 우리 애들을 위해 모든 걸 바쳤는데, 정작 지금은 제가 뭘 했나 싶기도 하고 그래요.

라일락 (커피를 내놓으며) 참 힘드시겠어요. 아니 그런데 백합님! 최근에 아들이 미국에 있는 그 사과인가 하는 큰 기업에 입사했다고 좋아하셨잖아요. 회사에 무슨 일이 생긴 건 아니죠? (걱정스러운 표정으로)

백합 일을 잘하니까 연봉을 몇 억씩 받겠죠 (순간 슬쩍 자랑하는 표정이 비친다) 일 이야기가 아니에요.

라일락 그럼 무슨 일인데 그렇게 힘이 하나도….

백합 아니, 라일락님도 제가 그 애를 어떻게 키웠는지는 잘 아시잖아요. 좋은 대학 보내려고, 이사까지 다니면서 좋은 학원에 최고의 선생님들에게 배우게 했죠. 아침저녁 학교 학원 셔틀하면서, 그 입시를 3년이 아니라 10년 넘게 준비했잖아요. 유치원 때부터 하나하나 설계한 대로 스펙 쌓아서, 14년간 내 삶은 하나도 없이 모든 걸 다 투자해서 최고의 명문대학에 집어 넣고! 드디어 이제 캘리포니아에 있는 세계적인 기업에 다니게 됐어요. 그런데… 지금 그 아이가 어제 무슨 이야기를 한지 아세요?

라일락 (조용히, 조심스럽게 그러나 진지하게) 혹시 연애나 결혼 이야기?

백합 (놀라는 표정으로) 맞아요. (체념하는 듯) 그런데 만나는 여자가… 무슨 운동 가르치는 강사라고 해요. 저는 들어보지도 못한 대학 나와서 직업도 강사라니, 이게 잘 받아들여지지가 않아요.

라일락 백합님은 아드님이 어떤 사람과 결혼하길 바라셨나요?

생각해 놓은 것들이 있으셨나봐요.

백합 (망설이다가, 단호한 표정으로) 최소한 비슷한 수준이 되어야 편하지 않나요? 명문대까지는 아니어도 비슷한 대학을 나와서, 직장도 좀 안정된… 그게 당연하다고 생각했어요. 공부하고 취업하느라 연애도 한번 제대로 못했는데, 결혼이라도 좀 비슷한 사람 만나서 하는 게 더 행복할 것 같고요. 그래야 고생도 덜 될 것 같고요.

라일락 백합님 이야기가 충분히 이해가 됩니다. 그런데 백합님이 생각하는 기준이 왜 중요한지 여쭤봐도 될까요? 그러니까, 말씀하시는 게 행복의 기준 같은 거잖아요. 어떻게 보면 조건이라고 할 수도 있는 것들인데, 아드님 여자친구가 백합님이 생각하는 결정적인 조건과는 이미 어긋난 상황인가요?

백합 아들이 그 여자를 좋아한다고 해서, 강하게 이야기하지 못하고 한숨만 쉬다가 전화를 끊은 것 같아요…. 그런데 다들 그렇게 살지 않나요? 열심히 무언가를 향해 달려가 성취하고 또 다음 목표를 향해 달려가고, 또 이루고 또 달려가면서 다들 그렇게 사는 거잖아요. 제가 아들을 위해 새벽기도 가서 기도한 시간이 얼마나 되는지 아세요? 하나님께 아들 이야기한 시간만 계산해도 어마어마할 거예요. 그런데 아들이 말하는 걸 보니 마치 제 아들이 아닌 것 같았다니까요. 뭔지 모를 거리감, 서운함…. 뭔지 잘 모르겠지만 마음이 휑해진 것 같아요.

라일락 배신감 같은 것을 느끼신 것 같네요. (조심스럽게) 그런데 백합님, 혹시 "잘 살았다"는 게 백합님에게 어떤 의미일까요?

백합 (질문이 이해가 안 된다는 혼란스러운 얼굴로) 그게 무슨 뜻이죠? 당연히 아이가 성공하고, 안정된 삶을 사는 게 잘 사는 거 아닌가요?

라일락 아드님이 성공한 모습을 보며 기뻤을 때가 있었겠죠. 백합님 마음에는 그때 어떤 감정이 제일 컸을까요? 와, 내가 우리 아들을 드디어 이만큼 성공시켰다! 내가 할 일을 다했다! 뭐 이런 생각이었을까요?

백합 (눈물을 삼키며) 부듯했죠. 내가 아들을 그렇게 만든 것 같아서 좋았고, 그게 아들을 위한 최선이라고 생각했으니까 더 좋았죠.

라일락 그런데, 아들을 보고, 너도 나처럼 살아라! 그런 생각도 하셨을까요?

백합 나처럼요? 아니요! 그런 생각은 안 해본 것 같아요.

라일락 그럼 혹시, 아드님이 백합님처럼 산다고 하면 박수를 치실 건가요, 말리고 싶으신가요?

백합 저처럼요? 생각해보지 않았는데… (잠시 깊이 생각해보더니 조심스럽게 말문을 연다) 저처럼 산다고 하면 말리고 싶어요. 자녀들을 위해서 다른 것을 아무것도 못하는 삶을 산다면, 그런 삶이라면, 좀 말리고 싶어요.

라일락 그럼 자녀를 위해 희생하는 삶은 좀 아니다, 너는 너를 위해 좀 살아라, 이렇게 말해주고 싶으신 거네요?

백합 그건 아닌데, 결국 그런 이야기가 되네요.

라일락 그럼 한 가지 여쭤볼게요. 혹시 아드님을 위해 그렇게 애쓴 것이 정말 아들을 위한 것이었을까요, 아니면 백합님 자신을 위한 것이었을까요?

백합 (깜짝 놀라며) 그게 무슨 소리죠? 당연히 아이를 위한 거죠.

라일락 백합님의 헌신이 아이를 향한 사랑에서 비롯된 것이니 그렇게 말씀하시는 게 당연합니다. 다만 저는 더 깊은 마음의 동기를 생각해 보자는 거죠. 혹시 백합님 자신의 사랑받고 싶고 인정받고 싶었던 마음이 아들을 향한 사랑 안에 있었던 건 아닐까요? 부모로서 인정받고 싶은 마음 때문에 아들의 성공을 위해 그렇게 열심을 냈던 것은 아닐까 하는 거죠. 물론 그게 전부라고 말할 수는 없겠지만 꽤 많은 동기 부여를 했을 수 있다는 거죠.

백합 (침묵하다가) 아니라고는 못하겠네요. (조금 더 생각해 보다가) 아니, 그런데 그게 뭐가 잘못된 건가요? 다들 그렇게 살잖아요. 아이들 위해 살고, 아이들 잘 키웠다고 인정받고 칭찬받고자 하는 마음이 있다는 게 그렇게 잘못인가요?

라일락 잘못됐다는 게 아니에요. 좀 다르다는 거죠. 똑같이 아이를 키워도 동기가 다르기 때문에 마음이 지칠 수도 있고 마음이 좋을 수도 있다는 거죠. 저는, 아들이 엄마아빠의 도움 없이 완전히 독립적으로 살 수 있을 때에 엄마아빠가 박수를 치면서 떠나보낼 수 있어야 정말 부모 역할을 다하는 것이라고 생각해요. 재정적으로 독립한다는 뜻이 아니라, 한 사람의 인생으로, 부모에게 끊임없이 의존하는 삶에서 독립한다는 뜻으로요. 우리는 자식을 나의 분신, 나의 화신으로 생각하고, 또 그렇게 생각할수록, 아들의 존재를 독립적으로 보기가 어려워지니까요. 그리고 사실, 지금 아드님은 이미 다 컸잖아요?

백합 (조금 정색하며) 그럼 아들을 위해 아무것도 하지 말았어야 한다는 말인가요?

라일락 (진지하고 부드러운 표정으로) 아닙니다. 아들을 위해 할 수 있는 것은 해야죠. 아무것도 하지 말라는 뜻이 아니에요. 다만, 아들을 위한다는 나의 마음과 정성, 그리고 희생을 통해 나의 존재감을 더욱 강화시키는 것이 아닌가 하는 거죠. 카페에 가끔씩 어깨에 힘이 많이 들어가 있는 손님들이 오시는데 대부분 아들딸들을 잘 키우신 분들, 조금 더 정확하게는 세상에서 자녀들을 성공시킨 어머니들

일 때가 많아요. 아들딸들이 어머니들의 훈장이죠. 자녀를 위해 아무것도 하지 말라는 이야기가 아닙니다. 아들을 위하고 아들을 사랑하는 일을 통해, 일상적으로 하나님께 감사하는 쪽으로 방향이 잡혔다면 지치지 않았을 것이라는 뜻입니다. 그렇다면 자식이 내 마음을 알아주지 못하는 것 같은 섭섭함, 때로는 섭섭함을 넘어 화가 나는 일은 없었을 것 같으니까요.

백합 어려워요. 그게 무슨 말이죠?

라일락 너무 말이 길었죠? (살짝 웃는다) 조금 간단히 말하자면, 모든 행위의 출발점, 그러니까 어떤 행위의 동기가 나의 무엇이 아니라 우리의 주인님이 되어야 한다는 뜻입니다. 백합님, 교회에서 가르치는 인간의 존재 목적, 기억 나세요? 교회의 존재 목적을 써놓은 플래카드요

백합 (작게 한숨 쉬며) 그건 하나님이 나의 주인 되시는 것과 내가 예수님의 거룩한 신부 되는 것, 그리고 하나님을 영화롭게 하고, 하나님께 영광을 돌리는 것이라고 배웠죠. 그런데 그건 말인 거잖아요. 그렇게 사는 게 쉽지 않잖아요? 그렇게 실제로 사시는 분이 얼마나 있는지 궁금해요.

라일락 말뿐인 건지, 그렇게 사는 게 가능한 건지는 나중에 기회가 되면 다시 이야기하기로 해요. 대신 질문을 하나 다시 드려볼게요. 백합님께서 지금 느끼는 상실감과 분노는 어디서부터 온 걸까요? 혹시 백합님이 정해놓은 기대와 기준에서 벗어났기 때문에 아드님의 선택이 잘못되었다고 판단한 것은 아닐까요?

백합 (혼란스러운 표정으로) 그렇다면, 제가 잘못 살아왔다는 말인가요? 새벽기도회가 있으면 한 번도 안 빠지고 나가서 아들을 위해 제가 얼마나 열심히 기도했는지는 라일락님도 아시잖아요?

라일락 하나님의 나라에서는 내가 무엇을 잘하고, 내가 어떤 평가를 받고, 내가 의미있는 것을 해야 한다는 그런 것들이 없을 겁니다. 백합님이 잘못 살았다는 이야기를 하는 것이 아니에요. 그렇게 따지면 저는 열 배나 잘못 살았을 테니까요. 다만 지금의 시간은 하나님께서 백합님에게 새로운 질문을 하고 있는 시기일 수도 있다는 겁니다. "백합님의 삶은 어디를 향하고 있는가?" 하는 질문이죠.
그리고 질문을 하나 더한다면, "진정한 행복은 어디에 있는가?" 하는 식상한 질문이죠. 사람들은 답은 없다고 말하면서 그런 질문을 식상하다고 여기죠. 그러면서 자기가 좋은 대로 살면 된다는 답을 내립니다. 사람은 답을 다 필요로 하니까요. 정답이 아닌데도 정답인 것으로 생각하면서 마음이 위안을 받는 것일 수 있어요. 하지만 '진정한 행복은 무엇인가' 하는 식상한 질문은 우리 인생에서 정말 중요한 질문입니다.

백합 (고개를 떨구며) 제가 뭘 해야 할지 모르겠어요.

라일락 하나님께서는 지금 이 순간에도 백합님을 사랑하십니다. 백합님의 마음을 원하시죠. 사람은 두 번 죽는다고 하잖아요. 한 번은 몸이 죽고, 또 한 번은 영혼이 죽죠. 영혼이 죽는다는 건 사실 없어지는 게 아니라 고통 가운데 영원히 사는 것입니다. 그럼 생각해 봐야죠. 내가 천국에 가면 정말 행복할까? 천국에 가면 무엇 때문에 행복할까? 내가 거기에서도 아들을 위해 일하고, 아들을 잘 키웠다는 나의 존재감, 부듯함으로 행복할 수 있을까? 거기는 정말 그런 나라일까? 그리고 하나님 앞에서 기도 많이 하신 걸 이야기하시는데, 기도하신 시간 가운데 하나님을 좋아해서 하나님과 친해지고 싶고, 하나님을 더 사랑하게 해 달라는 기도는 얼마나 하셨을까요? 세상에서 아들이 잘 되기를 바라는 마음만 늘어놓은 것은 아니었을까요? 만일, 정말 그런 기도가 대부분이었다면 우리는 하나님 말고 다른 신들에게 기도해도 되는 것은 아니었을까요? 잠시 살고 떠날 이 땅에서 우리가 더 잘 먹고 잘 살게 하기 위해서 하나님께서 당신의 아들을 보내셔서 죽게 하신 것이 맞을까요? 하나님이 우리를 사랑한다는 마음의 깊이는 정말 우리가 생각할 수 있는 깊이일까요? 우리 아들딸이 부모 마음도 못 알아주는데, 이 땅의 것으로 마음 가득한 우리가 하늘 아버지의 마음을 얼마나 알 수 있을까요?

2장
언제까지 김치 담궈서 보내야 해?

백합의 고등학교 친구 홍매화가 카페에 등장한다. 매화의 얼굴도 지쳐 있다.

홍매화 백합아, 내가 좀 늦었네, 어제 아들딸네 김치하느라 파김치가 됐어.

(라일락이 식물에 물 주러 잠시 자리를 비운 사이, 아르바이트생 앵초가 커피를 내오며 인사한다)

홍매화 응, 고마워. (앵초를 보며) 더 이뻐졌네.

백합 (홍매화를 보고) 어제 또 김치했어? 아들네 딸네 김치 떨어

졌대?

홍매화 응, 결혼했는데도 김치 담궈서 보내야 하고, 정말 피곤해. 집만 따로 살고 손은 손대로 더 많이 가는 것 같아.

백합 나도 아들 때문에 어제 한판 했어. 라일락님과 속 이야기하고 나니까, 좀 나아졌다.

(화원에서 식물 물주기를 마친 라일락이 카페로 돌아온다)

백합 (라일락이 자신에게 이야기한 것이 생각나서 웃는다) 그래 너도 똑같네! 너, 김치담궈서 피곤하다고 말하면서도 은근히 좋지? (우쭐한 마음으로) 내가 한 가지 물어볼까? 김치담그기가 너를 위한 것일까, 아니면 아이들을 위한 것일까? (말하고 난 뒤 재미있어서 깔깔 웃는다)

홍매화 무슨 이야기야? 김치를 담그는게 자식들 위한 거지, 무슨 김밥 옆구리 터지는 소리야?

백합 아니야 아니야, 매화야. 내 말 잘 들어봐. 그러니까 너는 말이지. 김치를 담그면서 자식들이 이걸 먹고 또 좋아해

주든 말든, 자식들이 엄마 김치가 없으면 못 사는 것 그거 자체가 좋은 거잖아.

홍매화 그래 맞지. 아들이 잘 먹어주니까 좋고, 딸도 좋아하고, 그래서 내가 힘들어도 하는 거지.

백합 그런데 그게 말이지. 정말 너를 위한 것인지, 자식들을 위한 것인지 생각해 보자는 거지. (자기랑 거의 똑같은 일 같은데, 라일락처럼 말해주려니까 말이 꼬인다. 앞에서 듣고 있던 라일락이 웃으며 한마디 거든다)

라일락 백합님 이야기는 마음을 보자는 거죠. 백합님이 이제 마음이 좀 보이시나 봐요. 자기 마음 보기가 제일 힘든 건데 말입니다.

백합 그래, 그거야. 김치 담그는 일도 네가 좋아서 하는 것일 수 있다는 거지. 아들을 위한다고 말하지만, 사실은 나 없으면 안 되는 아들이 있다는 게 뿌듯한 거지. 쉽게 말하면, 아들로 인해 나의 존재감이 커진다는 거지.

홍매화 (정색하며) 그럼 김치를 담그지 말라는 거야?

백합 만약, 김치를 딸이 잘 담그면 좋아 안 좋아?

홍매화 좋지. 김치 안 담궈도 되고. 딸이 더 잘 담그면 나도 얻어먹을 수 있으니 더 좋겠다.

백합 어, 그래? 이야기가 뭔가 좀 다른데? (당황한다) (듣고 있던 라일락은 재미있어서 웃는다)

홍매화 무슨 이야기를 하는 거야? 김치를 담그라는 거야 말라는 거야? (백합이 도움을 바라는 눈길로 라일락을 쳐다본다)

라일락 백합님 이야기는, 김치 담글 때도 김치로 인해 내 존재감이 높아진다면 잠시 마음을 살펴보자는 거죠. 김치를 담글 때에도, 아들딸에게 내가 김치를 줄 수 있어서 좋고, 아이들이 맛있게 먹어주니 좋고, 아직도 이렇게 아이들에게 내가 이만큼 필요한 존재로 남아 있게 하시니 또 하나님께 감사하고, 매 순간 하나님께 감사하는 마음을 갖고 사는지 돌아보자는 이야기겠죠.

백합 그래, 그거야! 나의 존재감을 아이들로부터 확인받고 싶어하는지, 아니면 일상에서 하나님 때문에 내 존재가 확

인되는지를 봐야 한다는 거지! 같은 일을 하더라도 마음의 출발과 종착지가 어디인지 보자는 말이야.

라일락 모든 일을 통해서 하나님께 감사할 수 있다면, 그것이 최고죠. 김치를 담그느냐 아니냐는 질문이라기보다는 김치를 담그든 안 담그든, 마음이 무엇으로 기뻐하느냐 하는 질문이었던 것 같습니다. 비천할 수도 부유할 수도 있다는 성경 말씀처럼 말입니다.

3장
회식자리 술 마셔야 해요? 말아야 해요?

알바생 앵초의 오빠가 낮시간인데 카페에 들어온다. 얼굴에는 근심이 깃들어 있다.

앵초 오빠! 이 시간에 무슨 일이야?

앵초 오빠 아, 근처에 일이 있어서 들렀다가 잠시 한숨 좀 돌렸다 들어가려고. 시원한 아이스커피로 열을 좀 식힐까해서 왔지.

라일락 많이 바쁘죠. 신입사원이라 일 배울 것도 많고. (아이스커피를 내오며) 자, 이건 앵초 오빠에게 드리는 사장 마음입니다. 좋은 알바생을 보내주셔서 감사합니다.

앵초 오빠 아이쿠, 감사합니다. 아, 그런데 라일락님, 내일 회사에서 또 회식한다고 해요. 지난번 첫 회식 때는 갑자기 출장갈 일이 생겨서 빠졌는데, 내일은 빠질 명분도 없고. 회식 때 또 술을 먹으라고 할 텐데 어떻게 해야 할지 잘 모르겠어요. (한숨)

라일락 아, 그래서 얼굴에 살짝 근심이 보였군요!

앵초 오빠! 그냥 눈 딱 감고 한 잔만 마셔! 그리고 자버리면 다음부터 술 안 주겠지! (앵초가 재미있게 웃는다)

앵초 오빠 말은 참 쉬워서 좋네! 앵초야, 그런데 생각은 쉽지 않아. 술을 마셔야 하는지 말아야 하는지, 또 뭐라고 말해야 할지 잘 정리가 안 돼.

라일락 술은 마실 수도 있고 마시지 않을 수도 있죠.

앵초 오빠 그런 답이 어디 있어요?

앵초 아, 성경에는 술 취하지 말라고 했는데, 이것도 맞고 저것도 맞을 수 있다구요?

라일락 한 가지 물어볼게요. 술 좋아하세요? 지금 진지하게 물어보는 거예요.

앵초 오빠 (잠시 깊이 생각해보더니) 때와 장소에 따라 다르긴 하지만, 술을 좋아하는 것 같지는 않아요.

라일락 술을 마시는 행위보다 더 중요한 것은 술 마실 때의 마음인 것 같아요. 만일 술 마시는 것이 하나님 말씀에 어긋난다고 생각하고 죄책감을 심하게 갖는다면, 그것이 완전히 잘못된 것이라고 말할 수는 없지만, 사실 하나님 마음에서 보면 약간 어긋난 것일 수 있어요. 또 말이 길어지네요. 오늘은 왜 이렇게 말이 길어지는지 모르겠네요. 그러니까 우리는 술 마시는 행위를 통해서만 선과 악을 구분하고 단정하는데, 사실 우리 마음에는 그것보다 조금 더 깊은 것이 있어요.

앵초 아니, 알 듯 말 듯한 이야기예요! 그러니까 마셔도 된다는 거예요?

라일락 이렇게 예를 들어볼게요. 내가 하나님을 정말 좋아하는데, 술 마시는 거 하나님이 정말 싫어하시는데, 나 보고 술을 마시라면 정말 죽을 맛이겠죠? 술을 좋아하지 않는데도 말입니다. 그럼 이렇게 이야기할 것 같아요. "저, 술 못 마십니다! 아니 안 마십니다! 제 주인님이 따로 계신데 그 주인님이 좋아하지 않으십니다! 그래서 마실 수 없습니다. 대신 제가 일은 더 열심히 하겠습니다."

앵초 오빠 그래도 주면요? 한 잔은 꼭 해야 하는 거라고 하면서 잔을 억지로 주면요?

라일락 마셔 버려요.(크게 웃는다) 좋아하는 것도 아닌데 그냥 마셔요. 싫은 것 하는 거잖아요. 그리고 싫다고 이야기했잖아요. 자꾸 강요하면 그냥 한 잔 마시고 자버려요.

앵초 오!! 내 이야기가 맞았다! (잠시 무언가 생각하더니) 그런데 왜 마실 수도 있고 아닐 수도 있다고 하신 거죠? 끝까지 안 마셔야 하는 상황도 있는 거예요?

라일락 네, 있지요. 술을 좋아하는 사람이라면 그럴 겁니다. 술을 조금이라도 좋아하는 사람은 그런 자리를 핑계 삼아 술을 먹습니다. 마음에 가책이 조금 생겨도 그냥 먹죠. 예수님 때문에 못 먹겠다고 말하는 것도 부끄러워합니다.

앵초 에이, 회사 일 하려면 어쩔 수 없이 술을 마신다는 이야기를 많이 하잖아요.

라일락 술을 마시는 행위만 생각하면 믿음의 성장은 보기 어려워질 수 있어요. 회사 일을 핑계 삼아 술을 그냥 먹으면서 사는 것은, 실제로 예수님과 관계를 맺지 않고 살기 때문입니다. 그런 분들에게는 술을 마셔도 괜찮다고 말해주면, 아마도 아주 좋아하실 겁니다. 더이상 이것저것 묻지 않으실 거예요. 오히려 마음이 편안해지고 무언가 걸렸던 것이 제거되는 시원한 마음을 가질 수도 있어요. 우리가 실제로 무엇과 관계하며 살고 있는가를 생각해보면 술에 대한 질문도 금방 정리가 되실 겁니다.

앵초 오빠 조금 알 것 같아요. 술에 대해 묻는 건 사실 술을 좋아하느냐 하는 질문부터 해봐야 하는 거였어요. 술을 마시는 것을 합리화하기 위해 질문한 것은 아니었는지 속마음을 보라는 이야기인 거죠?

라일락 맞아요. 술을 안 좋아하면 그 질문은 사실 안 하죠. 속에서 은근히 술을 원하니까 그럼 어떻게 해야 하느냐고 고민하는 것처럼 물어볼 때가 종종 있고, 그걸 잘 알아차리

지 못하고 넘어갈 때가 많죠. 하나님과 관계가 실제가 되었다면, 사실은 쉬운 문제인데요.

앵초 요약하면, 마시든 안 마시든 하나님과 관계를 중요하게 생각하고, 실제로 그 관계가 중요하다면 행위는 두 번째 문제가 되겠습니다! (정리가 됐다는 마음에 부듯한 표정) 마시면 하나님과 같이 아파할 것이고, 안 마시면 안 마셔서 당할 수 있는 피해가 있음에도 하나님과 관계를 지켰다는 것으로 마음이 든든한 믿음의 사람이 되겠네요!

라일락 100점!! 앵초도 이제 마음을 살피는 법을 배운 겁니다! 오빠의 회식 고민을 통해서! 아주 잘 배웠네요!

앵초 오빠 제가 술을 좋아하지 않는데도 회사에서의 음주 문제를 질문한 것이 조금 신기한 일인 것 같네요.

라일락 맞아요. 보통은 술을 좋아하는 사람이 술을 마셔도 될 근거를 찾기 위해 질문하는 경우가 많으니까요. 그리고 근거를 찾으면 더이상 하나님께 그런 마음을 이야기하지 않게 되죠. 그래서 하나님이 앵초 오라버니 마음을 더 예쁘게 보실 것 같아요. 하나님과 실제로 친해질 수 있는 믿음의 한걸음을 내딛은 것이니까요.

앵초 오! 우리 오빠 멋집니다! 회사에서도 믿음의 싸움을 하며 하나님의 사람으로 세워져 가는군요! 저도 잘 닮아가겠습니다!

4장

보관만 해두면 썩지만 쓰면 오히려 자라는 것!

에둘레소철 (커피 한 잔을 시키고, 자리에 앉지 않고 식물 이파리를 정리하고 있는 라일락에게 이야기한다) 라일락님, 교회에서 십자가 복음학교를 한다고 하는데, 저도 가고 싶어요.

라일락 (가고 싶다는 말에 얼굴이 환해진다) 아, 그거, 금요일 밤 8시죠. 12주 동안이니까 거의 석 달이네요.

에둘레소철 그런데 제가 퇴근하고 집에 오면 밤 9시라, 아무리 서둘러도 교회로는 시간 맞춰서 못 갈 것 같아요. 회사에서 교회로 직접 와도 8시 반이니까요.

라일락 오, 그런데, 십자가 복음학교를 왜 하고 싶어졌을까요?

에둘레소철 하나님에 대해 알고 싶어서요. 하나님을 머리로는 아는 것 같은데 실제로 좀 알고 싶어졌어요. 십자가 복음 학교 취지도 그렇다고 하니까 가고 싶은 마음이 들었어요. 다만 시간이 안 맞아서 어떻게 해야 하나 고민하고 있습니다.

라일락 목사님에게 물어보셨어요? 혹시 8시가 아니라 8시반까지 가면 안 되느냐고 여쭤보시죠.

에둘레소철 이미 여쭤봤는데, 정해진 시간은 꼭 맞춰야 한다고 하셨어요. 그리고 12주 동안 한 번 이상 결석하면 안 된다고 하셨어요.

라일락 (잠시 하늘을 쳐다보고 다시 에둘레소철을 바라본다) 그럼, 이렇게 한 번 해보는 건 어떨까요? 회사에 가셔서, 윗분과 동료들에게, "내가 석 달 동안 매주 금요일만 한 시간 일찍 퇴근하면 안 되겠느냐" 하고 말해보세요. "대신에 한 시간 더 일찍 출근해서 일하겠다"고 이야기해보세요.

에둘레소철 오, 그 말이 받아들여질까요? 그런 생각은 전혀 해보지 못했어요. 그렇게 해도 일에 지장이 없을 것 같은데 한번 물어봐야겠어요.

라일락 내 인생이 걸린 문제라서 그러니까 꼭 좀 양해해 달라고 이야기해보세요.

에둘레소철 (무언가 길이 보이는 것 같아서 얼굴이 밝아진다) 네, 그렇게 해보겠습니다.

라일락 일하실 때 예수님 생각 많이 하세요!

에둘레소철 네 그러려고 하는데, 정말 예수님 생각 안 하고 너무 잘 사는 것 같아요. 하루에 10분도 예수님 생각하기 힘든 것 같아요.

라일락 일할 때도 예수님 생각 많이 하라고 설교하실 때 예수님과 실제로 관계하지 않는 성도는 '에이, 일할 때는 일 생각해야지, 어떻게 예수님 생각을 많이 할 수 있단 말이야' 하고 반문합니다.

에둘레소철 맞아요, 저도 예전에 그랬어요. 그런데 막상 일하면서 예수님을 생각해보려고 하니까 엄청 어렵던데요. 잊

어버린다고 표현하기도 민망할 정도로요. 그냥 일에 푹 빠져서 사는 것 같아요.

라일락 그럼 일할 때 예수님 생각하면 어떤 일이 일어날까요?

에둘레소철 그러니까요. 저도 그런 게 실제로 궁금하고, 실제로 그렇게 살 수 있는 건지 궁금해서 꼭 십자가 복음학교에 참석하고 싶다니까요.

라일락 두 가지만 말씀 드리고 싶습니다. 한 가지는, 회사에 가서 한 시간 일찍 퇴근, 대신 한 시간 일찍 출근! 그것을 이야기하는 것이 바로 믿음을 써보는 것이랍니다. 믿음을 쓴다는 것은 그런 거예요. 믿음은 그냥 마음에 갖고만 있으면 점점 썩어요. 나중에는 사라지죠. 믿음은 일상에서 자꾸 써봐야 하는 거예요. 그래야 그 믿음이 점점 자라요. 그걸 믿음의 싸움이라고 말합니다.

에둘레소철 하나님께 우리 마음을 드리는 게 믿음이라고 하셨는데, 저는 아직 믿음이 어린 것 같아요. 하나님께 마음을 드리는 믿음이 생겨서, 그 믿음으로 실제 삶을 살아보고 싶어졌어요.

라일락 그럼 12주 동안 금요일만 한 시간 조기 출근, 한 시간 조기 퇴근! 믿음을 쓰는 것이니 회사에 말하면 받아들여질까요?

에둘레소철 믿음을 쓴 것이면 받아들여질 것 같은데, 잘 믿어지지는 않네요.

라일락 믿음을 쓴 건 에둘레소철님이고, 결정하고 이끄시는 분은 하나님이시니, 과정과 결과를 지켜봐야죠. 무조건 될 것이라고 생각하면 안 되고, 선하신 하나님께서 결정하신다고 생각하고 계시면 될 것 같습니다. 만약 회사에서 받아들여지지 않아도 하나님의 어떤 깊은 뜻이 있을 것이라는 이야기입니다.

에둘레소철 그런데, 일할 때 하나님 생각 많이 하는 게 가능한 일인가요?

라일락 에둘레소철님! 아내, 많이 사랑하시죠? 특히 예전에 연애할 때 생각하면 어때요?

에둘레소철 지금도 아내는 많이 사랑해요.

라일락 예전에 에둘레소철님이 많이 바빠서 서로 얼굴을 못 볼 때는 더 자주 전화하고 더 문자하고 그러지 않았나요? 일은 하지만 그사람이 보고 싶어서, 그냥 아무 뜻없는 일상적인 대화가 재미있고, 말없이 걷기만 해도 좋고, 그래서 생각만 해도 좋은, 뭐 그런 관계 아니었어요?

에둘레소철 (쑥쓰러운 듯 웃으며) 다 그렇잖아요!

라일락 하나님과 관계한다는 것도 그런 거죠. 실제로 하나님을 생각한다는 것은, 내가 하나님 안에 있고 하나님 안에 내가 있으니, 일할 때도 하나님 생각을 많이 할 수 있는 거죠. 아내와 관계하는 것처럼 하나님과도 실제로 관계하며 사는 것이 믿음이랍니다.

에둘레소철 그럼 '심쿵' 하는 마음이 하나님과의 관계에서도 계속되나요?

라일락 그건 직접 경험해보시는 것이 더 좋을 것 같습니다. 하지만 연애할 때와 결혼할 때 그리고 결혼 10년이 지나고 20년이 지날 때, 그때그때 사랑의 빛깔은 조금씩 달라지는 것 같아요. 살아보니 그러네요. 만약 20년이 됐는데 여전히 설레고 심쿵한 그런 것들이 없다고 고민한다면 오히려 이상한 일 같아요. 하지만 결혼 20년 됐는데, 상대에 대한 깊은 신뢰가 없다면 그것도 정말 이상한 일이죠. 사랑의 빛깔은 시간에 따라 달라지는 것 같아요. 젊은이들의 '심쿵'만 사랑이 아니라, 노부부의 '깊은 신뢰'도 사랑이죠.

에둘레소철 월요일에 출근하면 당장 이야기해봐야겠어요.

라일락 제 마음이 좋은 것을 보니 하나님께서 뭔가 하실 것 같습니다.(에둘레소철은 다음주가 돼서, 바로 금요일 조기 출근과 조기 퇴근이 가능하다는 회사의 허락을 받고 십자가 복음학교에 등록했다. 믿음을 쓴다는 것을 배운 좋은 기회였다. 에둘레소철은 복음학교에서도 하나님과 더 친해졌다. 친해진 증거는 하나님께 실제로 자신의 마음을 자주 이야기하게 됐다는 것이다)

에둘레소철 라일락님, 정말 너무 신기해요! 이렇게 하나님이 저를 인도하실 줄은 정말 몰랐습니다!

라일락 저도 너무 기뻤습니다. 역시 하나님은! 하나님께 나아가려고 하면 반드시 하나님께서 우리의 그 마음을 사시는 것 같습니다. 에둘레소철님이 바뀌어가는 것을 보는 것이 참 기쁩니다. 앞으로도 믿음을 쓰면서 살아가요.

에둘레소철 일할 때 예수님 생각을 더 많이 하는 실제 된 믿음이 있었으면 좋겠어요. 앞으로도 믿음을 쓰면 이런 일이 생기는 거죠?

라일락 음… 한 가지는 분명히 하는 게 좋을 것 같아요. 저 같은 경우에는 말이죠. 이렇게 하면 분명히 더 좋을 것 같았는데, 결과는 그렇지 않을 때가 있었어요. 이렇게 하면 하나님께서 더 좋아하실 것 같았는데, 결과는 반대였죠. 그러니까 이번처럼 믿음을 써서 회사에 이야기해도, 그것이 반드시 이루어질 것이라는 생각은 나만의 생각일 수도 있다고 생각하는 거죠. 매사 결과 중심으로 하나님을 생각하면 많이 속게 됩니다. 회사에 이야기했는데도 안 됐다, 그때에도 아! 하나님은 선하시지! 하고 기다리는 것이 믿음인 것 같습니다. 그렇게 된다면 하나님의 마음이 우리 마음에 임한 증거라고 봐요. 이해가 안 가도, 하나님의 생각과 뜻은 우리보다 깊고 높으시니까요. 그것이 바로 하나님을 신뢰한다는 말의 뜻이기도 하고요.

에둘레소철 되어도, 안 되어도 하나님의 마음을 실제로 알아차리는 게 제일 중요한 거네요. 일상에서 그렇게 살 수 있다면 참 좋을 것 같아요.

라일락 그렇게 되면요, 에둘레소철님도 일식집 셰프님이 아니라, 하나님을 사랑하는 셰프님이 될 거예요. 셰프 일을 하지만, 셰프 일은 그냥 놀이인 거죠. 즐거운 놀이가 되는 겁니다. 하나님을 사랑하게 되면 우리가 세상에서 가진 직업은 놀이가 될 겁니다. 세상보다 큰 하나님 나라가 마음에 임해서, 하나님 나라가 실제가 되었는데 땅의 직업이 전부가 될 수는 없죠. 하지만 그 일을 즐겁게 할 수는 있죠. 하나님을 사랑하면, 마치 좋아하는 사람과 일하는 기분도 느끼게 될 겁니다.

5장
목사님은 매주 같은 말씀만 해요!

카페에 백합과 홍매화의 친구인 장미가 들어온다. 친구들을 만날 때면 얼굴이 밝은 편인데 이날 장미의 얼굴 표정은 다소 무거워보인다.

라일락 어서오세요, 장미님. 백합님과 홍매화님과 만나기로 하셨나 봐요. 그런데 조금 일찍 오신 건가요?

장미 아, 네. (시계를 쳐다보며) 조금 일찍 오기는 했네요. 오늘은 친구들에게 물어볼 것도 있고 생각이 좀 정리가 잘 안 되어서 일찍 온 것 같기도 해요.

라일락 아! 장미님, 교회에 등록하신 지 이제 한 달 넘어가나요? (환하게 웃으며) 어떠세요. 설교 말씀은 좀 이해가 되십니까?

장미 그게요, 오늘 친구들에게도 좀 물어보려고 했던 건데요. (잠시 주저하는 듯) 말씀드리기가 조금 그런데, 목사님 말씀이 매주 똑같은 것 같아요.

라일락 아, 매주 똑같은 말씀을 하시는 것 같다고요? (뭔가 놀라는 듯하면서도 기대되는 표정으로)

장미 그렇잖아요. 내가 십자가에서 예수님과 함께 죽어야 한다는 말씀만 계속 반복해서 하시잖아요. 디테일과 예가 살짝 다를 뿐이죠.

라일락 같은 말씀을 들으시니 어떠세요?

장미 조금 답답해요. 세상에서 뭔가 시원하게 잘나가는 그런 이야기도 없고, 그냥 죽으라고만 하시는 것 같고, 그것도 매주 같은 말씀만 하시는 것 같아서요.

라일락 교회는 친구 때문에 나오셨다고 했죠? 백합님과 홍매화님!

장미 맞아요. 친구들이 교회 오라는 이야기는 안 했는데, 똑같이 나이들어 가는데 나이들어 갈수록 친구들 표정은 뭔가 더 편해보이고 여유도 있어 보이는데, 저는 그렇지 못한 것 같아서요. 아무래도 친구들 다니는 교회에 뭔가 있는 것 같아서, 호기심 반 기대 반으로 오게 됐습니다.

라일락 호기심과 기대는 아직 충족이 안 된 것 같은데 사실 어떻게 보면 이미 충족이 된 것일 수도 있겠네요.

장미 그게 무슨 뜻이죠?

라일락 장미님, 아들도 있고 딸도 있으시죠?

장미 네, 있죠.

라일락 아주 잘 키우셔서 지금은 좋은 직장 다니고 있다고 들었습니다.

장미 (흐뭇한 표정으로) 그런 것 같아요, 그런데 아이들이 똑똑

해서 그런 거지 제가 뭘 잘해서 그런 것은 아닌 것 같고요. (갑자기 뭔가 이상하다는 듯) 그런데 왜 갑자기 자녀들 이야기를 하시는 거죠?

라일락 만약에요, 어떤 부모에게 아주 사랑하는 아들이 있었다고 해봐요. 그런데 아들이 불의의 교통사고를 당했어요. 목숨은 구했고 몸이 회복될 때까지는 시간이 많이 걸리지만 다시 걸을 수도 있다고 해요.

장미 다행이네요.

라일락 그런데 그 아들에게 문제가 하나 생겼어요.

장미 뭐죠?

라일락 기억을 잃어버린 거예요. 사고로. 그래서 부모도 못 알아봐요. 부모는 물론 친구들과 같이 했던 기억들이 통째로 사라진 거예요.

장미 살아 돌아왔는데 못 알아본다면 부모에겐 정말 충격이겠네요.

라일락 만약, 장미님이 그 부모님이라면 어떻게 하시겠어요? 아니면 그 부모님에게 조언이라도 해준다면요?

장미 글쎄요. 뭘 어떻게 해야 할까요? (잠시 곰곰이 생각해보더니) 잃어버린 기억을 다시 이야기해줘야 할 것 같아요. 내가 너를 어떻게 키웠다, 네가 학교에서는 이렇게 자랐다, 무엇을 좋아하고 무엇을 싫어했다. 다 이야기해줘야 할 것 같아요. 아! 사진이나 동영상 저장된 것들도 계속 다시 보여주면서 이야기하면 더 좋을 것 같네요. 친구들 불러서 예전 이야기도 해달라고 부탁하고.

라일락 아마도 그렇겠죠. 기억을 되살려주기 위해 대부분 그렇게 노력할 것 같아요. 저도 그럴 것 같고요.

장미 기억이 날 때까지! 그 방법밖에는 모르겠어요.

라일락 그럼 만약에요, 부모가 이야기해주는 과거의 이야기가 그때그때 달라진다면 어떨까요? 이야기가 매번 달라진다면요?

장미 에이, 그런 부모가 어디 있겠어요?

라일락 (웃으면서) 하하. 역시 그런 경우는 없겠죠!

장미 (같이 웃으면서) 그러면 부모가 아닐 수도요!

라일락 (다시 정색하며) 그럼 장미님! 하나님 아버지가 혹시 우리에게 그렇게 똑같은 말씀을 해주시는 것은 은혜가 아닐까요? 매주 다른 말씀으로 우리를 헷갈리게 하는 게 아니라 같은 말씀으로 우리의 기억을, 우리와 하나님과의 관계를 회복시켜 주시려는 것이라면요?

장미 (한 대 맞은 듯한 표정으로 놀라 말하지 못한다) ….

라일락 제가 보면, 매주 설교 말씀이 똑같다고 하시는 분들이 교회에 꼭 계셨어요. 그런데 똑같다고 말하지만 실제 반응은 완전히 정반대였어요. 한 부류는 감사했고, 다른 한 부류는 싫어했죠. 감사한 부류는 매번 같은 십자가 복음을 말씀해주셔서 감사하다는 것이고, 싫어하는 부류는 뭔가 새로운 복음은 없나 하는 갈망이 더 큰 것이었습니다. 지금 보면, 감사하는 쪽은 여전히 믿음의 싸움을 하고 있고, 싫어하는 쪽은 다시 세상으로 가서 세상을 사랑하며 살고 있죠.

장미 새로운 것을 추구하는 것은 사람의 본성이 아닌가요?

라일락 맞아요. 저는 그것도 잃어버린 기억의 흔적 때문이라고 생각해요. 온 우주에서 유일하게 새로우신 분은 하나님뿐이시죠. 그런 하나님과 함께 살았는데 날마다 얼마나 새로웠겠어요. 그런데 그런 하나님이 우리에게 더이상 없으니 얼마나 허전해졌을까요? 완전한 새로움은 더이상 찾아볼 수 없게 되었죠. 그래서 사람들은 뭔가 새로운 것이 나오면 와! 하고 좋아하지만 금방 시들해집니다. 유행이 돌고 도는 것과도 비슷하죠. 사람이 만든 것은 시들지 않는 신선함이 없기 때문이죠.

장미 그럼 새로움도 하나님 안에서만 새로워진다는 건가요?

라일락 그런 것 같아요. 세상에서 새로움을 추구하는 것은 허망한 쳇바퀴 같지만, 하나님으로부터 새로움을 경험하는 것은 내가 주체가 아니라 하나님이 주체가 되는 것이니, 완전하면서도 날마다 새롭죠.

장미 오늘 완전하다고 어제 부족했던 것은 아니고, 날마다 완전한 것은 오직 하나님으로부터만 온다는 거네요. 그럼 설교 말씀이 왜 그렇게 똑같냐는 제 질문 중요한 갈림길에서 나온 질문일 수 있네요?

라일락 맞아요. 하나님과 함께했던 기억을 잃어버린 우리를 향해, 반복해서 말씀하시는 하나님의 음성으로 설교가 들리신다면, 은혜를 받으신 겁니다. 그리고 그 은혜를 받으시기 위해서는 하나님이 믿겨지는 믿음을 먼저 선물 받으셔야 하고요, 그러면 많은 것이 보이게 될 겁니다. 보이지 않던 것이 보이고, 들리지 않던 것이 들립니다.

장미 제가 책을 보는 것처럼 설교를 논리로 이해하려고 한 것이군요.

라일락 네, 보통 신앙은 하나님과의 인격적인 만남이라고 하잖아요. 인격적이라는 말의 뜻은, 실제로 사귄다는 뜻입니다. 장미님과 백합님, 장미님과 홍매화님의 관계는 인격적이죠. 무엇을 좋아하고 무엇을 싫어하는지를 알고 있죠. 우정의 관계이기 때문에 서로 다른 취향도 존중하죠. 그런데 사랑하는 사이로 인격적인 관계가 되면 어떨까요? 연애할 때처럼 생각만 해도 보고 싶고 뭐 그런 마음이 생기지 않을까요? 그런 게 인격적인 만남인데, 하나님을 그렇게 만나지 못한다면 그건 사실 종교생활이지 신앙생활은 아닌 것 같아요.

장미 제가 하나님을 사랑한다고 말하게 될 수 있을지 모르겠어요.

라일락 (웃으면서) 못하실 거예요.

장미 (놀라며) 제가 그럼 신앙생활을 제대로 못할 것이라는 말씀인가요?

라일락 아니요. 못하신다는 것을 깨달으면 하게 되실 거예요.

장미 무슨 뜻이죠? 사랑할 수 없다는 걸 깨달아야 사랑할 수 있다고요?

라일락 하나님을 사랑하기 시작하려면, 하나님이 나를 얼마나 사랑하는지 먼저 깨달아야 해요. 예수님이 장미님을 위해 십자가에서 그렇게 처절하게 죽으셨다는 게 믿겨지세요?

장미 교통사고에서 누가 나를 급하게 구해줬다면 실감이 날 텐데, 그것만큼 실감은 안 나는 것 같아요.

라일락 맞아요. 그래서 먼저 믿음을 선물 받아야 하고, 은혜를 받아야 해요.

장미 그럼 제가 할 일은 하나도 없는 거예요?

라일락 아니요. 있지요. 그 믿음을 선물받고 싶다고 기도하고, 땅에서 무언가 잘 되는 것이 아니라, 하나님 아버지의 마음을 실제로 알아가고, 하나님과 관계하면서 살고 싶다고 기도하시는 겁니다.

장미 머리로 생각만 해서 정리가 안 되던 것들이 좀 풀리는 것 같아요.

라일락 은혜가 있으시니 풀리는 느낌일 겁니다. 좋은 믿음의 친구들도 두셨으니 힘들 때나 좋을 때나 속을 터놓고 이야기하세요. 우리 교회 목사님의 설교 말씀도 나눠보시고요.

장미 같은 말씀을 하신다는 게 이렇게 은혜가 있는 거였네요!

그것을 자칫 평가절하하려고 했던 제가 부끄러워지네요.

라일락 십자가 복음이 그때그때 달라진다면, 길이요 진리요 생명의 길도 그때그때 달라져 버립니다. 얼마나 혼란스러워지겠어요.

장미 오늘 조금 일찍 오기를 정말 잘한 것 같아요. 친구들과도 좋은 이야기를 나눌 수 있을 것 같아요. 감사해요.

라일락 저는 이렇게 믿음의 고민, 믿음의 싸움 이야기를 듣는 것이 하나님께서 저에게 주시는 선물이라고 생각합니다. 제가 감사드립니다. (이때 백합과 홍매화가 들어오고 장미가 환하게 그들을 맞이한다)

6장
돈에서는 제가 자유로워요!

교회에 오래 다닌 파란 유채가 친구 수국과 함께 카페에 들어온다. 둘 다 믿음이 괜찮은 크리스천이라는 평판을 들으며 자랐다. 그러나 걸어온 믿음의 길이 다른 탓인지, 오랜만에 만난 둘의 믿음은 빛깔이 조금 달라 보인다. 둘에게 서로는 상처를 주지 않고 깊은 속을 터놓을 수 있어서 감사한 존재다.

라일락 파란 유채님 어서오세요. 오랜만에 오셨네요.

파란 유채 네, 라일락님. 오랜만에 대학 친구가 외국에서 들어왔어요. 제 친구 수국입니다. 이 친구도 모태 신앙입니다. 저희 둘 다 아이스아메리카노 주세요. (수국이 쑥쓰러운 듯, 그러나 예의 바르게 인사한다)

라일락 네, 반갑습니다. 맛있게 만들어 드리겠습니다.

파란 유채 수국아 너무 오랜만이다. 한 15년 만인가? 그런데 외국에서 믿음 지키면서 살기 어렵지 않니? 유럽에서는 교회가 박제화되고, 미국에서는 세속화 되었다는 말들을 많이 하잖아. 하나님 자리는 가정이 대신한 지 오래됐고.

수국 가정이 하나님 자리를 대신한 것도 지난 이야기인 것 같고, 이제는 무조건 돈이 먼저인 것 같아. 돈 때문에 가정도 깨지고 부부도 갈라서고 형제자매 사이도 엉망이 되는 것을 자주 보고 듣게 되는 걸 보면 말이야.

파란 유채 맞아. 한국도 그런 것 같아.

수국 넌 어때? 열심히 산다고 들었는데 형편은 좀 나아졌어?

파란 유채 (약간 풀 죽은 듯) 그냥 뭐 그래. 나이들수록 돈 버는 게 쉽지 않아. 몸도 덜 따라오는 것 같고. 그래도 뭐 하나님 말씀 생각하면서 살지. 지난주에도 우리 교회 목사님이 성경에 하나님과 거의 동등하게 비교되는 것이 딱 하나 있는데, 그것이 돈이라고 하셨어. 하나님과 재물을 둘

다 섬기지 못한다! 사람은 하나만을 섬기며 산다는 말씀을 듣는데 안심이 되더라고. 난 돈을 섬겨본 적이 없는 것 같아서.

수국 (놀라는 표정으로) 왜 안심이 됐는데?
나는 그 말씀 정말 어렵던데. 아니 불가능에 가까울 정도로 어렵던데 왜 그 말씀에 안심이 되는 거야?

파란 유채 당연하지 않아? 나는 한번도 부자인 적이 없잖아. 늘 돈이 부족해서 허덕인 적은 많지만 돈이 많아서 돈 걱정 안 하거나 돈 자랑하면서 살아본 적은 없는데, 그럼 돈을 섬기며 산 경험도 없는 거 아니야?

수국 (조금 깊이 생각에 잠긴다)… (이때 앵초가 커피를 가져온다) 파란 유채야, 돈이 많고 적음에 따라 돈에 대한 태도가 결정되는 걸까?

파란 유채 무슨 말이지? 부자 청년에게 전 재산을 다 나눠주고 빈손으로 예수님을 따르라고 했을 때 그 청년은 슬픈 표정을 짓고 예수님을 떠나갔잖아. 난 사실 재산을 드릴 것도 별로 없는데, 늘 돈에 쪼들려 사는 내가 적어도 돈에서

돈에서는 제가 자유로워요! 69

는 자유로운 것 아닐까? 그래서 예수님을 더 쉽게 믿게 됐나 하는 생각도 하는데….

수국 좀 잘못 생각하는 것 같아. 부자가 아니라고 해서 돈보다 하나님을 섬기는 것이 쉬워지는 것은 아니니까. 물론 돈이 많을수록 하나님을 먼저 섬기는 일이 쉽지 않게 되지만 돈이 별로 없다고 해서 돈에서 자유로워지는 것은 또 아닌 것 같아.

파란 유채 나는 내가 돈을 섬기면서 산다고 생각하지는 않는데?

수국 그런데 말하는 걸 들으면, 마음에는 돈이 제법 많은 것 같아. 돈이 실제로 많다는 뜻이 아니라, 마음에서 돈 생각하는 비중이 꽤 많은 것 같다는 뜻이야.

파란 유채 돈 생각? (잠시 생각한 뒤) 그건 많은 것 같아. 돈 한 번 실컷 벌어봤으면 좋겠다는 생각, 돈 걱정 안 하고 살았으면 좋겠다는 생각, 그런데 그런 생각은 다들 하는 거잖아. 너는 돈 많이 벌었다고 하던데 그래서 그런 생각은 안 하는 거야?

수국 마음에서 돈 생각을 많이 한다는 건, 이미 돈에 사로잡혀 있다는 뜻이 될 수도 있지 않을까? 돈이 실제로 없다는 건 다른 문제고. 현실에서 돈은 없지만 마음에서는 얼마든지 돈 생각을 품을 수는 있잖아. 그것이 많으면 많을수록 하나님을 생각할 수 있는 마음의 자리는 좁아지는 것이고. 하나님과 재물을 겸하여 섬기지 말라는 말씀은 마음에서 하나님이 가장 먼저이냐 하는 뜻인 것 같은데.

파란 유채 생각하는 것으로만 따지면 나는 돈 생각을 훨씬 많이 하는데….

수국 실제로 큰돈을 벌 수 있는 기회가 생기면 하나님은 뒤로 하고 바로 돈 많이 벌 수 있는 곳으로 달려가지 않을까?

파란 유채 당연하지. 돈을 벌고 나서도 하나님께 예배드릴 수 있잖아.

수국 그럼 하나님이 1순위는 아닌 거 아냐? 일이 바빠지고 급한 일이 생기면 하나님은 저 뒤로 밀려나는 거잖아.

파란 유채 먹고는 살아야 하니까. 일하는 이유도 그거잖아. 이 땅에서 살아가야 하니까!

수국 하나님께서 일하지 말라고 하신 것은 아니시지. 우선순위의 문제라는 거지. 마음으로 하나님을 벌면, 그러니까 돈을 버는 것이 아니라 하나님을 번다면 조금 달라지는 것 같아.

파란 유채 마음으로 하나님을 번다고? 어떻게?

수국 외국 가서 처음한 사업이 대박이 나서 돈을 많이 벌었지. 분명히 경제적으로 풍족해졌는데도 마음 한쪽이 허전했어. 결국 돈으로는 마음이 채워지지 않는다는 것을 깨달았지. 돈이 주는 기쁨은 오래가지 못했어. 건강이 안 좋아진 것도 하나님과 가까워진 계기가 됐고 내 생각을 십자가에 못 박는 시간을 통해 하나님이 점점 내 마음에서 커지니까 돈을 많이 벌어도 그만, 덜 벌어도 그만이 되더라. 하나님께서 하시면 무엇이든 가능하다는 것이 내 삶에서 실제가 된 거지.

파란 유채 무엇이든?
그럼 다시 가난해질 수도 있다는 거야?

수국 (크게 웃으며) 그럼 당연하지. 나는 원래 아무것도 없었잖아. 그런데 하나님을 사랑하는 것이 정말 기쁜 일이라는 것을 조금씩 배웠는데 그때마다 너무 좋은 거야. 연애할 때 설레는 것처럼 시작됐는데 지금은 중년의 부부가 깊이 신뢰하는 사랑처럼 관계의 빛깔이 바뀌어가는 것 같아.

파란 유채 가난하면 힘들잖아.

수국 부자여도 힘들어. 다만 마음이 허전한 걸 끊임없이 다른 걸로 채우려고 하는 거지.

파란 유채 너는 부자니까 그런 이야기를 하는 거 아냐? 돈이 없으면 정말 힘들어.

수국 돈이 많아도 나를 위해 마음대로 쓰게 하지는 않으셔. 그리고 사실 너나 나나 하루에 쓰는 돈은 비슷할 수 있어. 하지만 오늘 커피값은 내가 낼게. 오랜만에 친구를 만나서 너무 좋거든.

파란 유채 네 이야기를 들으니까 너는 하나님도 돈도 다 가진 것 같네.

수국 하나님을 가지면 다른 것들이 따라오는데, 사실은 따라오지 않아도 괜찮은 것 같아. 이 땅에서의 삶은 끝이 아니라 잠시 소풍 오는 것 같은 것이니까. 우리에게 돌아갈 나라, 돌아갈 집은 따로 있는 거잖아.

파란 유채 우리가 못 본 사이에 믿음의 빛깔이 많이 달라진 듯해.

수국 내가 너보다 잘한 것은 하나도 없었잖아. 학교 다닐 때 네가 공부도 운동도 잘했고 친구들도 더 많았잖아. 내가 너보다 나은 것이 있었다면 대학교 졸업 이후에 생긴 습관일 거야. 십자가에서 나는 죽고 주님으로 사는 것.

파란 유채 십자가? 예수님 십자가?

수국 응. 난 내가 하나님을 사랑하는 것이 너무 실감이 안 나서, 하나님을 사랑하게 해달라고 그 마음 좀 알게 해달라고 기도하고 기도했는데, 한 단어를 말씀해 주시는 것 같았어. 십자가! 그래서 성경에서 말하고 있는 십자가에서 내가 죽고 주님의 생각으로 사는 것이 실제 되게 해달라고 날마다 수시로 기도했고 그것을 소원했던 것이 아마 청년 시절과 지금 믿음의 빛깔이 달라지게 하지 않았을까? 그런 생각이 드네. 십자가에서 죽으면, 내 생각이 별로 없어서 바보 같이 보이기도 해. 그런 말도 종종 듣거든.

그런데 십자가에서 주님과 함께 죽은 것이 실제가 되면 하나님의 뜻이 얼핏 보이는데 그때 땅의 어떤 것과도 비교할 수 없는 큰 기쁨이 있어. 어떨 때는 큰 평안으로 오고 어떨 때는 담담함으로 와. 그래서 나의 무엇이 죽는 건 좋은 일이야. 나는 기회만 되면 죄를 지으려고 하는 죄인이거든. 아니, 기회가 없으면 기회를 만들어서라도 죄를 지으려고 하지. 항상 나쁜 짓만 한다는 뜻에서 죄인이 아니라, 내가 주인이 되어서 좋은 일도 하고 나쁜 짓도 한다는 점에서 완전히 죄인이야. 안 좋은 사람인데도 뭔가 좋은 걸 살짝 섞어 놓으면 내가 괜찮은 사람 같다는 생각이 들잖아?

파란 유채 꼭 우리 교회 목사님 설교를 듣는 것 같다. 십자가에서 주님과 연합하는 길이 유일한 길이라고, 아는 것과 실제 되는 것은 완전히 다르다고, 하나님을 인격적으로 만나야 한다고, 십자가에서 내가 죽지 않으면 안 된다고, 나라는 존재는 그냥 완전히 망한 존재라고!

나도 너무 많이 들어서 잘 아는데, 그런데 난 내가 완전히 망한 존재라는 사실이 잘 안 믿겨져. 어떨 때는 괜찮고 어떨 때는 그렇지 않은 것 같단 말이야. 적당히 망가진 존재? 그게 나 같다는 생각이 많이 들어.

수국 적당히 망가졌으면 하나님과 거리도 적당히 두는 게 편할 수도 있겠다. (근심스러운 표정으로) 그런데 말이야, 선악과는 선과 악을 알게 하는 나무잖아. 우리 생각으로 당연히 선한 것도 나오겠지. 하지만, 선악과의 문제는 하나님과 단절된 뒤, 인간이 주체가 되어 선과 악을 행한다는 것이 문제잖아. 하나님 보시기에 하나님과 관계없는 인간의 행위는 모두 좋은 것이 아니라는 게 성경의 관점이고. 선함 역시 누더기 같은 나의 의 같은 거지. 내가 완전히 망했다는 사실을 깨달아야 하는데, 완전히 죽을 수밖에 없는 존재라는 사실은 은혜로 깨닫는 것 같아. 이건 아무리 잘

설명해서 이해시킨다고 해도 실제가 되는 것은 완전히 다른 문제야. 그래서 은혜지. 믿음을 선물받는 것처럼, 죽을 존재라는 것을 깨닫는 것도 전적으로 하나님의 은혜인 것 같아. 우리는 그것을 소원하는 것뿐이고.

파란 유채 (진지한 얼굴로) 한 가지만 물어볼게. 십자가에서 내가 죽는다는 것을 어떻게 실천해 본 거야? 일상적으로 해본 것 같은데, 말로 설명해 줄 수 있어?

수국 쉽지만 또 어렵기도 해. 내가 십자가 연합을 훈련해 본 것은 순서가 이랬던 것 같아. 이게 꼭 답은 아닌데, 나는 이런 길을 밟은 것 같다는 이야기야.

제일 먼저는, 마음이 원했지. 내 마음이 원했어, 예수님과 연합해서 나의 이 징그러운 생각과 더러운 생각과 욕심 많은 자아가 죽고 예수님의 마음으로 살아보고 싶다고 소원했어. 그리고 말로 그것을 선포했어.

운전하다가 갑자기 누가 끼어들면 거친 말이 나오려는 순간 있잖아. 막말을 하고 싶은 마음이 일어나는 그때 입술로 먼저 나는 예수님과 함께 십자가에서 죽었습니다, 하고 말해보는 거지. 옆에 동승자가 있다면 속으로 말하고. 그렇게 일상적으로 훈련했던 것 같아. 그러면 일단 마음이 조금씩 누그러지는 걸 경험했지. 갑자가 180도 확 바뀌어서, 성령이 단번에 역사해서 은혜가 넘치고 그랬던 것은 아니고, 속에서 올라오는 나쁜 마음들이 조금 희미해지고, 조금 약해지고 그랬던 것 같아. 서서히 바뀌어간다고 해야 하나?

그러다 어느 날, 십자가에서 죽었습니다, 하는 말을 하기도 전에 마음에서 먼저 그것을 선포할 때가 있는데, 그럴 때 실제로 하나님의 임재가 느껴질 때가 있어. 그럼 뭐, 세상이 어떻게 되어도 아무 상관이 없게 되지. 너무 좋은, 너무나 신선한, 너무나 따사로운 그런 느낌? 주님의 마음이 내 마음에 깃드는 것 같은 그런 순간을 맞이하게 돼. 그럼 세상과 나는 간 곳 없게 되는 거지. 그것을 자주 경험하니까 세상에서 무언가 되고 싶고, 하고 싶고, 갖고 싶은 욕구들이 점점 희미해지는 것을 경험했어.

파란 유채 십자가에서 죽었다고 말하고, 말하다 보니 마음이 먼저 그것을 소원하게 되고, 그러다 정말로 예수님의 마음이 네 마음에 깃든 것이구나!

수국 십자가 죽음을 경험한 뒤부터는 하나님이 마음에 계시지 않는 것 같을 때 오히려 너무 외롭고 허전해졌어. 아무튼 내가 십자가 연합을 훈련한 과정은 그랬어. 하지만 주님이 사람들을 다루시는 방법은 하나가 아니니까 누구나 이 길을 밟게 되는 것은 아니라고 생각해. 사람마다 다를 거야. 다만 한 가지 공통된 것이 있다면 우리 마음을 바꾸어 가신다는 것, 그것은 분명해. 마음이 바뀌지 않으면 아무것도 달라지지 않으니까. 마음이 믿음의 싸움터잖아.

파란 유채 내가 하나님을 너무 머리로만 알았던 것 같네.

수국 그런 마음이 들었다면 은혜지. 돌이킬 수 있는 기회를 주시는 거니까.

파란 유채 오랜만에 만나서 믿음의 조언도 해주고 너무 고맙다.

수국 주님께 고마워해야지. (밝은 표정으로) 이제 돈이 많고 적고가 중요하지 않다는 것을 확실히 알겠지? 마음에서 먼저 돈을 소원하면 그것이 돈을 섬기고 경배하는 거지 뭐. 그게 쉽지 않다니까. 십자가에서 정말 내 자아가 죽어야 가능하지. 그런 면에서 우리는 전적으로 주님의 손에 달려 있는 거야. 그래서 나는 믿음이 성장하려면 실제로 돈보다 하나님이 더 좋다는 걸 반드시 경험해야 한다고 생각해.

파란 유채 항상 느끼는 거지만, 신앙은 내가 할 게 아무것도 없는 것 같다는 생각이 들어. 뭔가 내가 하려들면 그게 다 나의 의일 때가 많다고 하시니까.

수국 힘써야 할 것은 있어. 주님의 마음을 알고 싶다는 마음으로 십자가 연합을 소원해야지. 십자가 연합을 통해 주님의 마음을 일상에서 많이 경험해야 그것을 위해 더욱 애쓰게 되는 것 같아. 어떻게 보면 일종의 믿음의 선순환이지. 하나님을 경험했는데 그것이 너무 좋아서 하나님의 마음으로 더욱더 살고 싶은 믿음을 소원하게 되는 거니까! 하나님을 경험하지 않고서 하나님의 마음으로 살고 싶다고 간절히, 절절히 소원하기는 어려우니까. 경험하지도 못했는데 하나님을 잘 믿는다는 것은 사실 엄청나게 어려운 일이잖아.

파란 유채 하나님의 은혜를 많이 받아야 한다는 이야기네.

수국 맞아, 은혜를 받아야 더 소원하게 되지. 그런데 사람은 은혜를 받아도 또 세상을 사랑하여 하나님을 등지기도 해. 세상으로 가면서 나중에 하나님은 언제든 다시 믿을 수 있다는 마음을 먹는 사람도 봤어.

파란 유채 지금은 내 마음대로 살고 싶지만 구원은 받고 싶은 거네.

수국 아니, 사랑하는 사람을 떠나면서, 내가 하고 싶은 거 다 하고 나중에 돌아와서 다시 사랑해줄게, 하고 떠나는 일이 가능한 일이야? 그런데 우리는 하나님을 그렇게 대하니까, 너무 아프지. 하나님을 만나지 못했다는 증거이기도 한 것 같아. 이야기가 왜 여기까지 흘러온 거지? 아무튼, 십자가 연합이 길이요 진리요 생명이라는 건 참이야.

파란 유채 이야기하다 보니 내 신앙을 돌아보게 되네. 고맙다. 친구.

수국 오랜만에 만나서 하나님 이야기하고 참 좋다, 친구.

7장
마음의 치유와 몸의 치유

홍매화의 오랜 친구인 시클라멘이 홍매화와 함께 카페에 들어온다. 시클라멘은 최근 암 판정을 받은 뒤 마음고생을 많이 하고 있고, 홍매화도 그런 친구가 안쓰러워 교회에 가자고 이야기하고 있다. 시클라멘도 예수님께서 공생애 기간 동안 많은 병자들을 고치신 이야기는 성경학교 때 자주 들어 잘 알고 있다. 둘이 치유에 대해 이야기하는데 뭔가 시원하게 안 풀리는 문제가 있어서 카페에 와서 라일락과 이야기해 보기로 한다.

홍매화 안녕하세요, 라일락님. 여기는 제 친구 시클라멘입니다.

라일락 어서오세요. 홍매화님의 새로운 친구분이신가요.? 아니면 오랜 친구?

홍매화 시클라멘은 어릴 때 교회 다니다가 대학 때부터인가 교회를 안 나갔어요. 하나님이 잘 안 믿겨진다고 하면서요.

라일락 하나님이 믿겨지는 것은 선물 받아야 하는 믿음이니까요. 쉬운 것은 아니죠.

홍매화 그런데 이 친구가 얼마 전에 암 진단을 받았어요. 옆에서 보는 제 마음도 힘들어져서 교회에 가서 기도도 받고 마음의 안정도 갖자고 이야기하고 있어요. 예전에 우리 목사님이 치유기도 많이 하셔서 아픈 환자들이 많이 나은 적 있잖아요. 제 친구도 기도받으면 좋겠다는 생각이 드는데 라일락님 생각이 궁금해서요.

라일락 교회 오시면 좋죠. 기도 받으시는 것도 좋은 일이죠.

시클라멘 그런데요, 거의 모든 시간을 제 마음대로 살다가 제가 병이 걸리니까 하나님께 나아가서 고침 받고 싶다고 기도하는 게 괜찮은 건가 하는 생각이 자꾸 들어요. 하나님께서 고치실 수도 있다는 생각이 들기는 합니다. 그런데 제가 필요할 때만 하나님을 찾는 것 같아서 너무 이기적인 것 같다는 생각이 들어서요.

라일락 그럼 언제 우리가 하나님께 나아가는 것이 가장 좋은 것일까요? 하나님께 나아가는 때가 있다는 말씀으로 들리기도 해서요.

홍매화 그러네. 시클라멘! 하나님은 말이야, 의사가 병자에게 필요한 것처럼 우리 영혼이 아픈 사람을 위해 오셨다고. 그래서 몸이 아플 때에도 하나님께 이야기하는 건 당연해.

라일락 맞아요. 스스로 옳다, 의롭다 여기는 사람에게 하나님은 역사하시기 어렵죠. 사실 나는 완전히 망했다, 나는 완전히 죽을 존재구나, 하는 것이 깨달아진 사람에게 믿음을 선물해주시는 경우가 많잖아요. 그렇다면 아픈 것도 사실은 은혜를 받을 수 있는 좋은 기회가 되기도 합니다.

홍매화 맞아요. 실제로 우리 교회에서도 불치병이 고쳐지는 일들이 종종 일어났었잖아요.

라일락 병이 고쳐지는 일과 관련된 이야기는 많아요. 하지만 두 가지만 말씀드리고 싶습니다. 이 두 이야기를 통해서, 건강에 대한 우리의 생각과 하나님의 생각이 다를 수 있다는 것을 배울 수 있으니까요. 제가 실제로 배운 것이기도 해요.

홍매화 시클라멘, 잘 들어보자. 우리에게 주시는 하나님의 마음일 수도 있으니까.

라일락 먼저 어떤 형제님이 계셨는데, 말기암 진단을 받고 교회에 오셨어요. 대학병원 두 곳에서 검사를 받으셨는데 모두 같은 진단을 받았고 병원에서는 할 수 있는 치료 방법이 없으니 그냥 집으로 돌아가라고 했답니다. 그런데 그분이 어느 날 새벽예배 시간, 목사님께 기도를 받는데 온몸이 뜨거워지고 가슴이 벅차올랐다고 해요. 기도 받다가 뒤로 넘어지셨죠. 물론 뒤에서 누가 잡아줘서 다치지는 않았습니다. 그런데 신기하게도, 그날 이후 다시 병원에 가서 검사를 했는데 암세포가 없어진 거예요. 암이 나은 거죠. 예수님을 만난 사마리아 여인처럼 좋아하셨죠. 너무 기뻐했죠. 가족들도 좋아했고요.

그런데 일상에서 믿음이 자라도록 하는 믿음의 싸움이 부족했던 탓인지, 그분의 마음에 다른 생각이 자리잡기 시작했어요. 나중에는 암 진단 받은 것 자체가 오진이 아닐까 하는 생각도 하게 됐죠. 그리고 나을 때가 되어서 나았다, 혹은 암 진단 자체에 무슨 문제가 있었다, 이런 생각에 파묻혀서 결국 하나님을 등지고, 교회를 등지고, 다시 세상을 사랑하여 세상 속으로 돌아가셨죠. 열심히 일해서 돈 많이 버는 것에 많은 힘을 쓰기로요. 몸은 분명히 치유 받으셨습니다. 그리고 세상에서 성공하셨을 수도 있습니다.

홍매화 그럼 두 번째 경우는 마음이 치유 받은 이야기겠네요?

라일락 맞아요. 두 번째 이야기도 암 환자 이야기입니다. 그분은 젊은 여자 집사님이었어요. 초등학교 입학도 하지 않은 아이 둘을 둔 엄마였습니다. 이분도 말기암이었고 병원에서는 치료할 방법이 없다고 집으로 가거나 호스피스 병동으로 가라고 했습니다. 그런데 이분은 몸은 아픈데, 마음이 너무 좋으신 거예요. 물론 아이들 걱정이 되어서 눈물도 나고 그러는데, 하나님을 만난 것이 너무 좋은 거예요. 암에 걸린 뒤에 하나님을 만나셨거든요. 저는 하나님께서 그 집사님을 고쳐주실 줄 알았어요. 교회 성도들도 그렇게 기대했습니다. 그런데 그분은 하늘나라로 가셨습니다. 힘이 없어서 크게는 못 웃었지만 미소 가득한 은혜로운 얼굴로 교회 집사님들과 작별하셨어요. 아이들은 누가 어떻게 키우나 하는 원망과 걱정의 목소리도 있었지만 그분은 하나님은 선하시다는 말을 남겼습니다. 저는 제 생각과 하나님의 생각이 완전히 다를 수 있다는 것을 그때 새삼 깨달았답니다.

홍매화 나은 것이 오히려 은혜가 안 될 수 있고, 낫지 못한 것이 오히려 은혜가 되기도 한다는 이야기네요.

라일락 그렇죠. 아주 좋은 나라가 있다고 가정해봐요. 이 땅에서 최고의 휴양지나 여행지 같은 곳을 생각해봐도 됩니다. 어떤 사람이 지금 있는 곳을 떠나 아주아주 좋은 곳으로 가셨다면 그분에게는 정말 좋은 일입니다. 우리가 하늘나라로 가는 것이 그런 일이 될 수 있는 거죠. 우리는 물론 이 땅에 살고 있기에 여전히 이 땅에서 조금 더 머물고, 조금 더 잘 살고, 조금 더 잘 먹고, 조금 더 잘 누리고 싶은 마음이 있습니다. 하나님의 나라가 우리 마음에 실제가 안 되었으니, 저처럼 '하나님이 좀 고쳐주시면 훨씬 좋았을 텐데' 하는 생각을 하는 거죠. 세상은 보이고 하늘나라는 안 보이니 세상이 더 좋아 보이는 거죠. 하늘나라가 좋다고 말은 하지만요. 결과적으로 하나님이 고쳐주셨으면 좋겠다는 제 생각은, 좋은 곳으로 가시는 그분을 붙잡고 누더기 같은 옷을 입고서라도 지금 이 누추한 곳에 조금 더 머물다 가라는 이야기였습니다.

홍매화 그러니까 아플 때, 건강하게 해주세요! 하는 것이 먼저가 아니라는 이야기죠?

라일락 땅에서 잘 되고 잘 살고 싶은 마음이 죽을 때 하나님의 나라가 우리 마음에 임하는 것 같아요. 그래서 예수님께서 하나님의 나라는 여기도 아니고 저기도 아니고 네 마음에 있다고 하셨겠죠.

홍매화 그럼 시클라멘과 교회 가서 기도 받지 말아야겠네요?

라일락 기도 받으셔야죠. 다만, 믿음을 먼저 선물 받기를 소원하셔야죠. 몸이 낫는 것은 그 다음이죠. 믿음을 선물받으면 몸이 낫기를 원하는 마음도 달라질 수 있습니다. 어떤 영화에서 이런 장면이 나온 게 생각 나요. 아주 험악한 전투 현장에서 오랜 기간 싸우고 있는 군인이 이런 말을 했어요.

"난 반드시 천국 갈 거야. 지금 하루하루가 완전히 지옥인데 죽어서 천국에 못 간다면 너무 이상하지 않아?" 그런데 믿음을 선물 받으면 그 대사를 바꾸게 될 것 같아요. "우리는 지옥에서 지옥으로 옮겨질 인생이지, 지금 지옥에 있다고 해서 천국으로 옮겨지는 것은 아니라고. 예수님을 진짜로 만나야 지옥에서 천국으로 옮겨지는 거지!"

홍매화 하나님을 만나고 싶다고 기도하고, 기도도 받고 그러라는 이야기죠?

라일락 네, 건강보다 하나님이 훨씬 더 크시잖아요. 하나님 품 안으로 들어가면 무엇이 문제겠어요. 세상에서 잘 되기 위해 하나님이 필요하다면, 기독교가 아니라 다른 종교를 가져도 하등 이상할 것이 없습니다. 기독교는 내 힘으로 하는 게 아니잖아요. 나는 날마다 십자가에서 죽어야 할 존재, 일상에서 내 생각이 죽어야 하는 존재고, 그때 예수님께서 나를 통해 하늘 생각을 주시고 그것으로 일상을 살아가는 것이 믿음 아니겠습니까?

시클라멘 하나님의 나라가 실제가 된다면 이 땅을 떠나고 싶은 마음도 생길 수 있다는 생각이 드네요.

라일락 그게, 아멘 주 예수여 어서 오시옵소서, 하는 마라나타라는 찬양의 내용입니다.

홍매화 우리는 이 땅에 남겨진 자의 슬픔과 아픔을 주목하는데, 기독교는 사람 안에 있는 마음을 주목하는 것이네요. 그런데 앞의 것은 보이는데, 뒤의 것은 잘 안 보이니까 사람들에게 영향을 주지 못하는 것 같고요.

라일락 보이지 않는 것이 보이는 것을 이끌어간다는 말씀은 믿음을 선물 받았을 때만 실제 되는 말씀이죠.

홍매화 시클라멘이 믿음도 선물 받고, 병도 고침받고 저랑 하나님 이야기를 더 많이 했으면 좋겠어요. 그렇게 해달라고 저는 기도해야겠어요.

라일락 크신 하나님이 우리 마음에 가득하게 해달라고, 그럼 다 될 거예요.

시클라멘 뭔가 삶에 대해 다시 생각해 볼 수 있는 시간이 된 것 같아요. 암에 걸렸다는 것이 괴로워서 도대체 내가 뭘 잘못해서 이런 일이 생겼을까 하는 생각이 많았었거든요.

라일락 선하신 하나님을 만나시기를 예수님의 이름으로 축복합니다. 정말 치유받아야 하는 것은 우리 마음이 먼저인 것 같습니다.

에필로그

꽃들이 하는 일곱 개의 대화는 그다지 어렵지 않은 이야기입니다. 그러나 마음에 세상이 가득한 사람에게는 아주 어려울 수 있습니다. 그것이 사실 믿음의 신비이기도 합니다. 살다 보면 가끔 하나님을 보여달라는 분이 계십니다. 보이면 믿겠다는 것입니다. 그러나 알고 보니, 보여도 믿지 않았습니다. 내가 살아 있기 때문이었습니다. 세상에서 시퍼렇게 살아 있는 내가 그분을 믿어주겠다는 어이없는 교만함 때문이었습니다.

저는 불신자가 아니라 믿음의 사람들을 위해 이 이야기를 적었습니다. 믿음의 사람들끼리 "마음 잘 지키세요"라는 인사를 종종 합니다. 때로는 맞는 인사가 되기도 하지만 때로는 안 맞는 인사가 되기도 합니다. 마음에 우리 주인님이 계신다면 그 마음은 당연히 외부의 공격으로부터 지켜야 하는 마음이 됩니다. 하지만 마음에 우리 주인님이 안 계시고 세상의 것이 가득하다면 그 마음은 사실 새로 기경되어야 할 마음이 됩니다.

사람들은 세상의 무엇을 위해 하나님을 찾을 때가 많습니다. 돈을 잘 벌고, 자녀가 잘 되고, 사람들과의 관계에서 인정받고, 건강해서 무엇이든 할 수 있고, 남부러울 것이 없는 가정을 꾸리는 것이 우리들의 소원입니다. 그것들을 위해 십자가 예수님을 서슴없이 부르기까지 합니다. 예수님은 분명히 이 땅에서는 머리 둘 곳 없으시고 쉴 곳도 없다고 하셨는데도, 우리는 이 땅에서 아주 잘 먹고 잘 살고 싶어합니다.

여러분은 아마도 아주 열심히 살고 계시고, 아주 열심히 살았고, 또 앞으로도 열심히 사실 것입니다. 은퇴를 하셨다면 자녀도 잘 키우셨을 것이고, 사회적으로 인정도 받았고, 당신이 아니면 안 되는 수많은 상황에서 자신에 대한 존재감으로 뿌듯하기도 하셨을 것입니다. 그러나 이제는 아실 것입니다. 그 존재감은 잠시 지나가는 것일 뿐이었다는 사실을.. 과거의 그 존재감은 지금의 우리 마음에 생기를 불어넣지 못합니다. 저는 뒤늦게 알았습니다. 나의 존재의 이유가 예수님이 되지 않는 한 마음은 새로워지지도 않고, 생기도 금방 잃어버린다는 것을요. 그것이 정말 은혜라는 사실 또한 뒤늦게 절절하게 깨달았습니다.

열심히 사시느라 참 고생 많으셨습니다. 정말 수고 많으셨습니다. 나이가 드셨다면 이제는, 마음이 좋아서 하늘만 보면 기쁘고 그러셔야 합니다. 봄날의 꽃들을 보면 창조주 하나님의 손길이 보여서 아이처럼 더 행복하셔야 합니다. 만일 그렇지 못하다면 낭패입니다. 믿음이 희미해졌을 가능성이 크기 때문입니다. 그래도 믿음 없음을 깨닫는다면 다행입니다. 아니, 희망입니다. 다시 길이 보일 것이기 때문입니다.

얼마 전 칠순 잔치를 하신 교회 집사님에게 이런 이야기를 해드렸습니다. "집사님, 꼭 꿈을 꾸셔야 합니다. 회사에서 돈 많이 버는 꿈 말고, 하나님 나라에서 영원히 무엇을 하고 살지, 그 꿈이 있어야 합니다. 성경에도 그런 말씀이 있지 않습니까?"

그 후에 내가 내 영을 만민에게 부어주리니 너희 자녀들이 장래 일을 말할 것이며 너희 늙은이는 꿈을 꾸며 너희 젊은이는 이상을 볼 것이며 (요엘 2: 28)

"어떻게 할아버지가 꿈을 꿀 수 있습니까? 천국이 실제 되기 전까지는 안 되는 것 아닐까요? 천국이 실제로 우리 마음에 다가오면, 하나님의 나라에서 영원히 살기에, 마침표 없이 무언가를 하고 싶다는 꿈이 생길 것입니다. 무언가 되고 싶고, 무언가 이루고 싶다는 꿈을 예수님 안에서 꾸게 될 것입니다. 그러면 성경 말씀대로 겉사람은 늙어지더라도 속사람은 새로워져서 생기가 넘치실 겁니다. 불신자들은 그 모습을 보고 젊게 산다고 말하게 될 것이고요. 우리는 나이 들어 2막을 사는 것이 아니라, 영원히 끝나지 않을 막들 가운데 하나님께서 그려가실 꿈을 나의 꿈으로 만들어야 합니다."

저는 당신을 존경합니다. 지금까지 열심히 살아오신 당신을 진심으로 존경합니다. 자녀를 위해서 온 에너지를 투입하고, 사회에서의 나의 생존, 그리고 우리 가족의 생존을 위해 온몸을 불사른 당신을 존경합니다. 그렇게 애쓰시면서도 주일에는 교회에 출석해 예배까지 드리시느라 얼마나 애를 많이 쓰셨습니까?

그런데 당신의 영혼을 위해, 이제 한 가지를 꼭 여쭤보고 싶습니다. 이 땅에서의 시간을 마무리할 때, 그분을 만날 생각에 설렘과 그리움을 느끼십니까? 설레는 마음이 있어 하나님 나라로 빨리 가고 싶다는 마음이 가끔이라도 드십니까? 아니면 혹시 하나님께 해드린 것이 아무것도 없는 것 같아서 미안하십니까? 미안해서 하나님을 사랑하는 일도 영 어려운 일이 되고 맙니까? 다른 성도들도 다 그렇게 사는 것 같으니까 그냥 안심하면서 훗날 천국에 갈 것이라고 여기십니까?

    마음에 사랑하는 분이 있다면 여러분은 나이 들어도 새로워집니다. 나이 들어도 꿈을 꿀 것입니다. 지난날 세상에서 열심히 살아올 때 옆에서, 앞에서, 그저 마음 아프게 지켜보신 그분의 마음과 시선이 뒤늦게 느껴질 수도 있습니다. 그 시선이 느껴진다면 그분의 사랑에 그냥 휩싸이게 될 것입니다. 부디, 하나님을 사랑하는 마음을 간구하시기를 소원합니다. 그래서 신선하고도 말랑말랑한 하늘 마음으로, 하나님께서 허락하실 동안의 땅의 시간을 잘 마무리하시기를 예수님의 이름으로 축복합니다.

2025년 가을
나의사랑하는책TV 김동민 드림

꽃들의 대화

글쓴이　김동민
디자인　홍예다
편　집　토브디자인
펴낸곳　(주)미디어쉼
발행일　2025년 10월 13일
등록번호　제 2024-000216호
주　소　경기도 고양시 일산서구 송포로 207
이메일　
유튜브　나의사랑하는책TV
ISBN　979-11-994853-0-3
가　격　13,000원

*이 책은 미디어쉼이 저작권자와의 계약에 따라 발행한 것이므로
 미디어쉼 허락 없이 어떤 형태나 수단으로도 이 책의 내용을 이용할 수 없습니다.
*잘못된 책은 바꿔드립니다.

나의사랑하는책TV